LAS FIESTAS DE OTOÑO

Libro de Actividades para Principiantes

Las Fiestas de Otoño para Principiantes

Todos los derechos reservados. Al comprar este Libro de actividades, el comprador puede copiar las hojas de actividades solo para uso personal y en el aula, pero no para reventa comercial. Con la excepción de lo anterior, este Libro de actividades no puede reproducirse total o parcialmente de ninguna manera sin el permiso por escrito del editor.

Bible Pathway Adventures® es una marca registrada de BPA Publishing Ltd.
Defenders of the Faith® es una marca registrada de BPA Publishing Ltd.

ISBN: 978-1-98-858558-1

Autora: Pip Reid
Director Creativo: Curtis Reid
Editor: Samia Egan

Para obtener recursos bíblicos gratuitos y Paquetes para Maestros, incluyendo páginas para colorear, hojas de trabajo, exámenes y más, visite nuestro sitio web en:

shop.biblepathwayadventures.com

Introducción para los Padres

Diviértete enseñándoles a tus niños acerca de la Biblia con nuestra herramienta práctica de discipulado: *Libro de Actividades de las Fiestas de Otoño para Principiantes*. Este libro incluye una selección de páginas para colorear, actividades y rompecabezas para ayudarte a enseñarles a tus niños una fe bíblica.

Hemos diseñado este libro de actividades para ayudarte a pasar tiempo educando a tus niños de una forma divertida y creativa. No se necesita de mucha preparación. Simplemente imprime las actividades que necesitas, ¡y tendrás todo listo para enseñar! Es la herramienta perfecta de discipulado para docentes de educación en casa, clases de Shabat y escuela dominical, y también para los padres.

Bible Pathway Adventures asiste a maestros y padres de familia a enseñar a los niños acerca de la Fe Bíblica de una manera creativa y divertida. Esto es posible mediante nuestros libros de cuentos ilustrados, paquetes para maestros, libros de actividades, y actividades imprimibles. Todo está disponible para ser descargado en nuestro sitio web www.biblepathwayadventures.com

¡La búsqueda de la Verdad es más divertida que la Tradición!

Índice de contenido

Introducción 3

Día de las Trompetas (Yom Teru'ah)
Página para colorear: Día del Toque del Shofar 6
Traza las palabras 7
Conecta los puntos: ¿De dónde sale un shofar? 8
Veo, veo 9
Aprendamos Hebreo: Yom Teru'ah 10
Laberinto: ¿Dónde está mi shofar? 12
R es por Rey 13
Calendario de Yah 14
Hoja de actividades del número 7 15
Página para colorear: El Shabat 16
¿Cuál es la diferencia? 17
Manualidad de la Biblia: Haz un shofar 18
Reto del alfabeto 19
Aprendamos Hebreo: Shofar 20

Día de la Expiación (Yom Kippur)
Página para colorear: Yom Kippur 22
Página para colorear: El Sumo Sacerdote 23
Traza el mapa: Ayuda al Sumo Sacerdote a encontrar el templo 24
Completa la imagen: El Sumo Sacerdote 25
Aprendamos Hebreo: Yom Kippur 26
Página para colorear: ¿Qué es arrepentimiento? 28
Actividad de la Biblia: Jonás y el pez 29
El número 10 30
¡Cuántos animales! 31
Hoja de actividades: T es por Torá 32
Hoja de actividades: ¿Cuál es mi sonido? 33
Página para colorear: Doce Tribus de Israel 34
Actividad de la Biblia: Vístete como un Israelita 35

Fiesta de los Tabernáculos y el Último Gran Día (Sukkot y Shemini Atzeret)
Página para colorear: Sukkah para el Sukkot 36
Hoja de actividades: ¿Cómo viajaban los Israelitas? 37
Aprendamos Hebreo: Sukkot 38
Traza el mapa: Ayuda a los Israelitas a llegar a Jerusalén 40
El número 7 41
Veo, veo 42
Página para colorear: ¡Feliz Sukkot! 43
Dibuja tu propia Sukkah 44
La letra S 45
Conecta los puntos: El templo del rey Salomón 46
Laberinto: La ceremonia del agua 47
Traza las palabras 48
A es por Agua 49
Página para colorear: ¿Tienes sed? 50

Manualidades y Proyectos
Manualidad de la Biblia: ¡Haz una corona para un Rey!..52
Actividad de la Biblia: Ha nacido un Rey...55
Tarjetas didácticas..57
Manualidad de la Biblia: La armadura del Sumo Sacerdote 59
Actividad de la Biblia: El templo...61
Manualidad de la Biblia: Haz un collar del Yom Kippur 63
Tarjetas didácticas..67
Juego de memoria de las Fiestas de Otoño...69
Actividad de la Biblia: Los Israelitas 71
Completa el patrón 73
Manualidad: Uvas y olivas 75
Tarjetas didácticas..77
Hoja de actividades: La ceremonia del agua 79
Manualidad de la Biblia: Haz un colgante de las Fiestas de Otoño para la puerta 81

¡Descubre más Libros de Actividades! 87

Día del Toque del Shofar

Traza las palabras. Colorea la imagen.

Día del Toque del Shofar

Traza las Palabras

Colorea las imágenes.

¿De dónde sale un shofar?

Un shofar se hace del cuerno de un carnero. Conecta los puntos para mostrar el shofar.

Veo, veo

Yah les dijo a los Israelitas que honraran el Día de las Trompetas por siempre. Colorea el mismo objeto de un solo color. Luego cuenta cada tipo de objeto y escribe el número en la etiqueta.

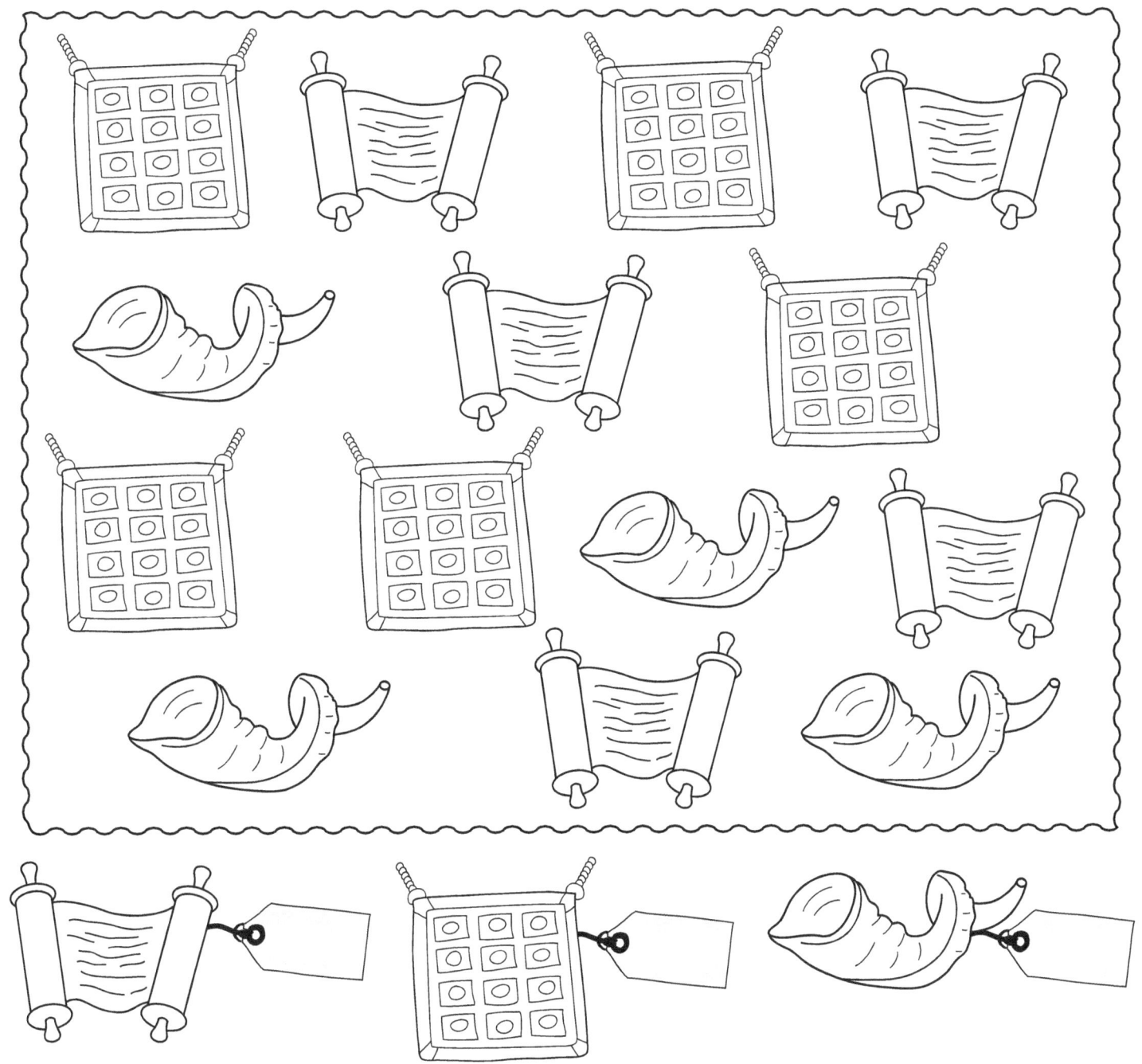

Yom Teru'ah

Las palabras Hebreas para Día de las Trompetas son Yom Teru'ah. Los antiguos Israelitas solían ungir a los reyes en este día.

yom teru'ah

יוֹם תְּרוּעָה

Día de las Trompetas

 # Vamos a escribir

Practica escribir estas palabras
Hebreas en las líneas de abajo.

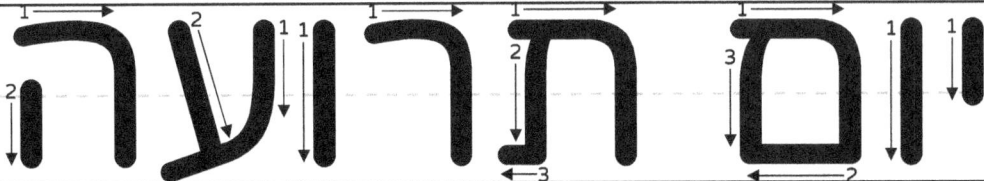

Inténtalo por tu cuenta.
Recuerda que el Hebreo se lee de DERECHA a IZQUIERDA.

¿Dónde está mi shofar?

Ayuda al soplador del shofar a encontrar su instrumento.

🌿 R es por Rey 🌿

Aprendamos sobre la letra R.

Practica escribir la letra R	Colorea las imágenes que comienzan con la letra R
	   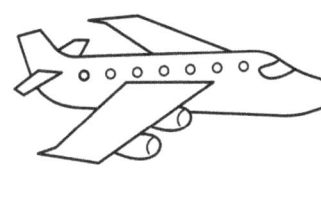

El calendario de Yah

Yah usa el sol, la luna y las estrellas para decirnos Sus planes y Tiempos Designados. Traza y colorea las imágenes.

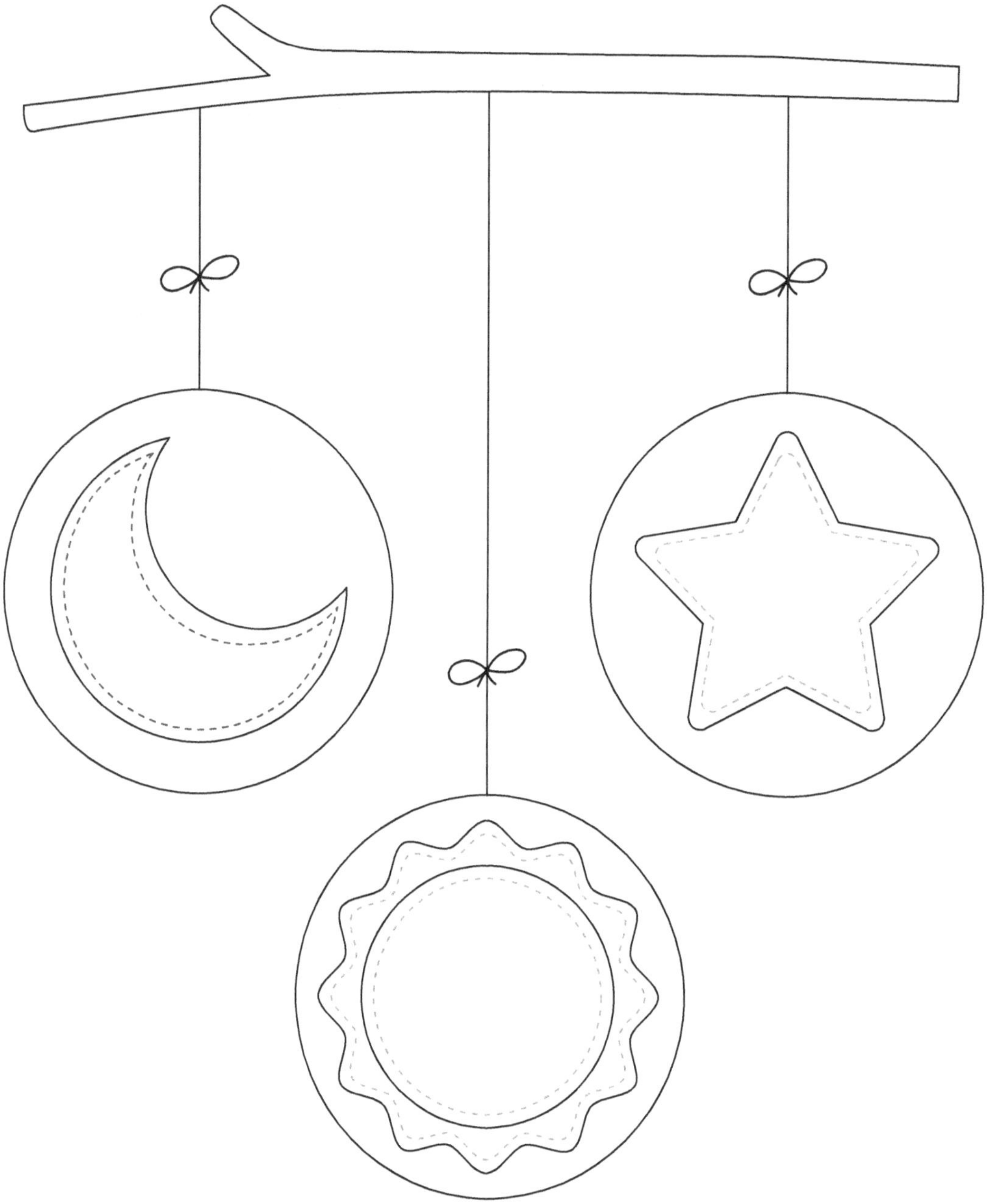

El 7mo mes

El Día de las Trompetas se celebra en el 7mo mes (Tishrei 1).
Escribe el número 7. Colorea las imágenes.

El Shabat

El Día de las Trompetas es un Shabat (Levítico 23). El Shabat es un día de descanso para el pueblo de Yah.

Honra el Shabat y santifícalo

¿Cuál es la diferencia?

Encierra en un círculo la imagen que es diferente.

🌿 Haz un shofar 🌿

El Día de las Trompetas significa "el día del sonido del shofar" en Hebreo. ¡Hagamos un shofar!

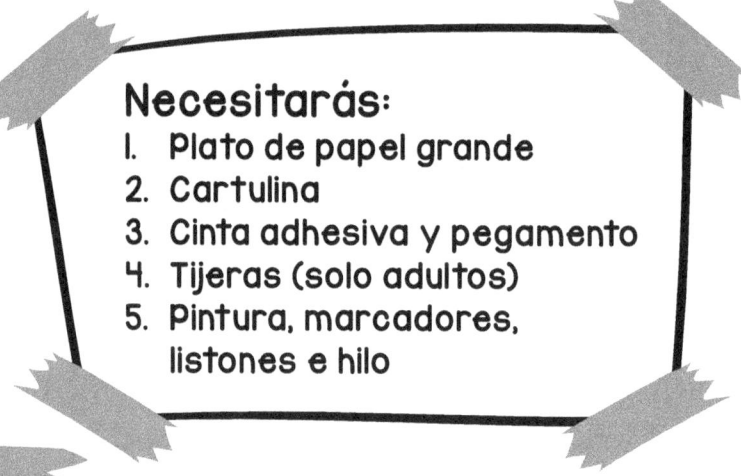

Necesitarás:
1. Plato de papel grande
2. Cartulina
3. Cinta adhesiva y pegamento
4. Tijeras (solo adultos)
5. Pintura, marcadores, listones e hilo

Instrucciones:

1. Enrolla un plato grande de papel para formar un cono. Pega con cinta adhesiva.
2. Pega la cartulina alrededor del cono. Usa marcadores, listones o pintura para decorar tu "shofar".
3. Ensarta un pedazo de hilo a lo largo del interior de tu shofar. Ata los extremos para hacer un mango para el shofar.

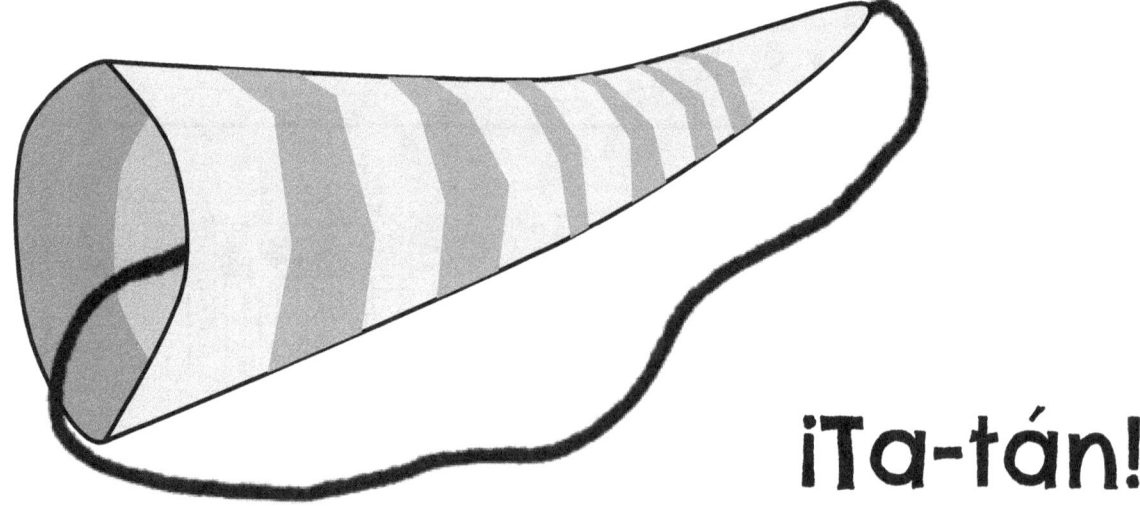

¡Ta-tán!

Reto del alfabeto

¿Puedes pensar en una palabra de la Torá por cada letra del alfabeto?

A....................................	N....................................
B....................................	O....................................
C....................................	P....................................
D....................................	Q....................................
E....................................	R....................................
F....................................	S....................................
G....................................	T....................................
H....................................	U....................................
I....................................	V....................................
J....................................	W....................................
K....................................	X....................................
L....................................	Y....................................
M....................................	Z....................................

✶ Shofar ✶

La palabra Hebrea para trompeta es shofar. Un shofar está hecho de un cuerno de carnero y se toca en días importantes, como el Día de las Trompetas.

shofar

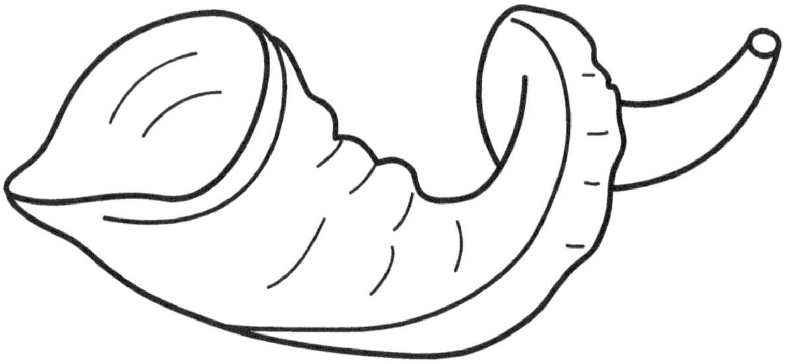

שׁוֹפָר

trompeta

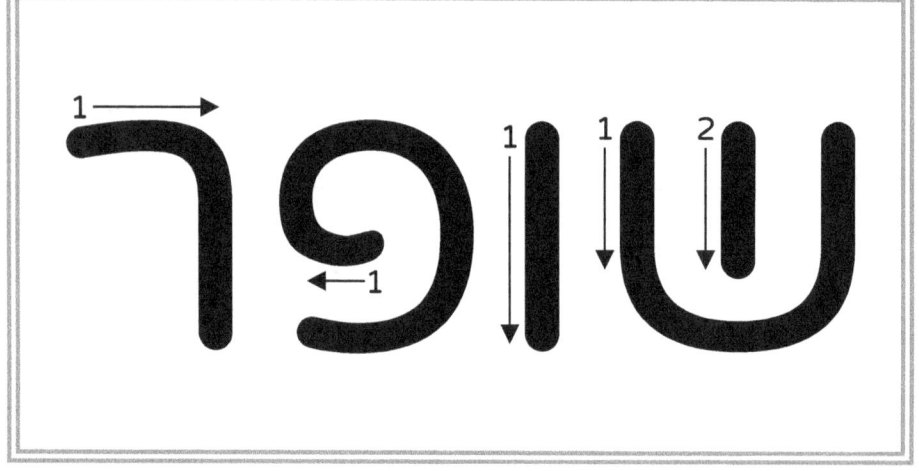

Vamos a escribir

Practica escribir estas palabras Hebreas en las líneas de abajo.

שופר

שופר

Inténtalo por tu cuenta.
Recuerda que el Hebreo se lee de DERECHA a IZQUIERDA.

El Sumo Sacerdote

Colorea el sombrero de blanco.
Colorea la túnica de azul.

El Sumo Sacerdote

Ayuda al Sumo Sacerdote a encontrar el templo trazando sobre la línea.

Completa la imagen

Colorea la imagen y traza la palabra para descubrir quién entró en el Lugar Santísimo durante el Yom Kippur.

✡ Yom Kippur ✡

Las palabras Hebreas para Día de la Expiación son Yom Kippur. En este día, el Sumo Sacerdote fue a un salón especial en el templo llamado el Lugar Santísimo.

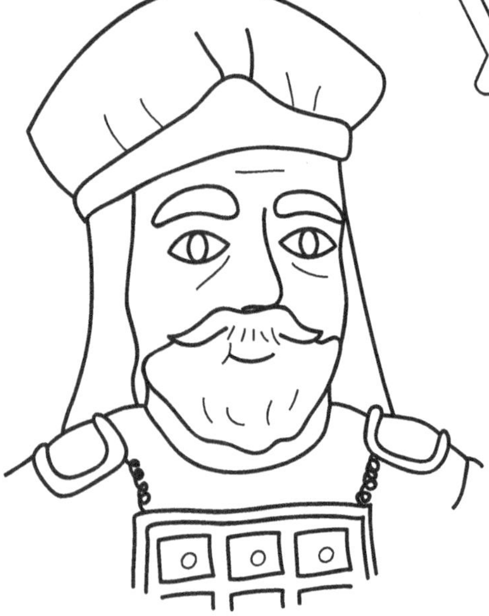

yom kippur

יוֹם כִּפּוּר

Día de la Expiación

Vamos a escribir

Practica escribir estas palabras
Hebreas en las líneas de abajo.

יום כיפור

Inténtalo por tu cuenta.
Recuerda que el Hebreo se lee de DERECHA a IZQUIERDA.

¿Qué es arrepentimiento?

Arrepentimiento es acudir a Yah y hacer las cosas a Su manera en vez de a tu manera. Colorea la imagen.

Jonás y el pez

Cuando Jonás fue tragado por el pez, se arrepintió. Esto significó que Jonás decidió hacer las cosas como Yah las manda y no a su propia manera. Dibuja a Jonás dentro del pez.

El número 10

Yom Kippur se celebra en el 10mo día del mes Hebreo de Tishrei. Traza los números. Encierra en un círculo y colorea los animales.

Encierra en un círculo 10 cabras

Colorea 10 toros

¡Cuántos animales!

Los Israelitas le hacian ofrendas quemadas a Yah durante el Yom Kippur (7 ovejas, una cabra, un carnero y un toro). ¿Puedes contar todos los animales?

T es por Torá

Traza las letras y palabras. Colorea la imagen.

T es por Torá

¿Cuál es mi sonido?

Encierra en un círculo la letra inicial. Colorea las imágenes.

| t | s | w |

| m | c | t |

| c | h | m |

| f | c | s |

Doce Tribus de Israel

El Sumo Sacerdote usaba una armadura o pectoral especial con gemas. Cada piedra tenía el nombre de una de las doce Tribus de Israel. Colorea la imagen.

Vístete como un Israelita

Los antiguos Israelitas se vestían con túnicas y batas. ¡Hagamos una túnica! Pide ayuda a tus padres para hacer esto.

Instrucciones:

1. Padres - toma las medidas del cuerpo de tu niño desde un codo hasta el otro y desde la rodilla hasta el hombro.
2. Encuentra una manta o sábana vieja, tan grande como sea tu niño y dóblala a la mitad.
3. Corta una ranura en el medio de donde la has doblado, con tamaño suficiente para que quepa la cabeza.
4. Pon la "túnica" por encima de su cabeza. Ajusta un cinturón hecho de soga, cinta, cuero o tela alrededor de su cintura.

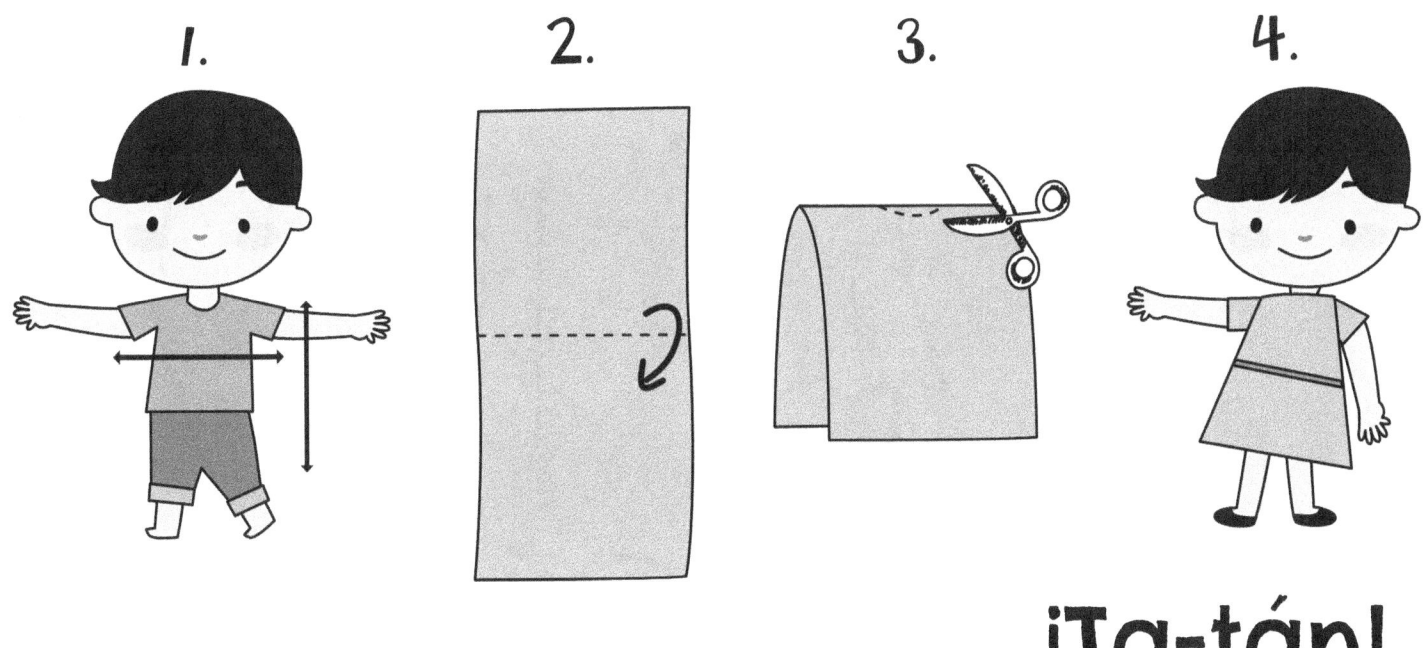

¡Ta-tán!

Sukkah para el Sukkot

Durante la Fiesta de los Tabernáculos (Sukkot), los Israelitas viven en chozas llamadas sukkahs. Colorea la imagen.

¿Cómo viajaban los israelitas?

Colorea los objetos y animales que llevaban a los Israelitas de un lugar a otro.

✦ Sukkot ✦

La palabra Hebrea para Fiesta de los Tabernáculos es Sukkot.
¡Es una fiesta nupcial!

sukkot

סֻכּוֹת

Fiesta de los Tabernáculos

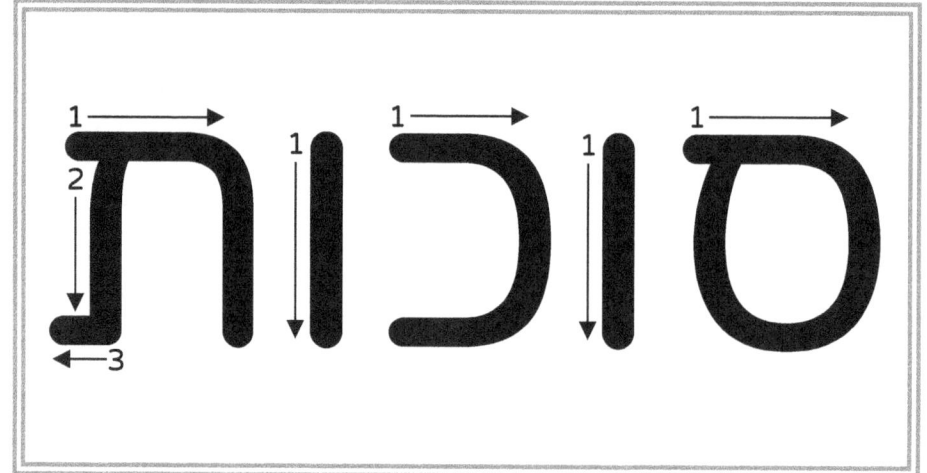

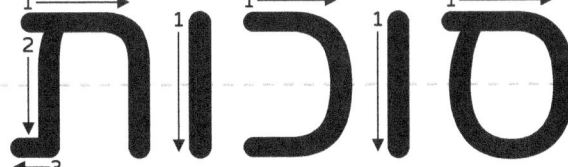

Vamos a escribir

Practica escribir estas palabras Hebreas en las líneas de abajo.

סוכות

סוכות

Inténtalo por tu cuenta.
Recuerda que el Hebreo se lee de DERECHA a IZQUIERDA.

Los Israelitas

Traza a lo largo de las líneas para ayudar a los Israelitas a llegar a Jerusalén para celebrar el Sukkot.

El número 7

La Fiesta de los Tabernáculos dura siete días. Traza los números. Encierra en un círculo y colorea los objetos.

7 siete

Encierra en un círculo 7 ramas

Colorea 7 sukkahs

Veo, veo

Durante el Sukkot, a los Israelitas les gustaba celebrar con música. Colorea el mismo instrumento de un solo color. Cuenta cada tipo de instrumento y escribe el número en la etiqueta.

¡Dibujemos!

Dibuja tu propia Sukkah en el espacio de abajo.

S es por Sukkot

Traza las letras y palabras. Colorea la imagen.

S es por Sukkot

Conecta los puntos

El rey Salomón le dedicó el templo a Yah durante el Sukkot. Conecta los puntos para ver el templo. Colorea la imagen.

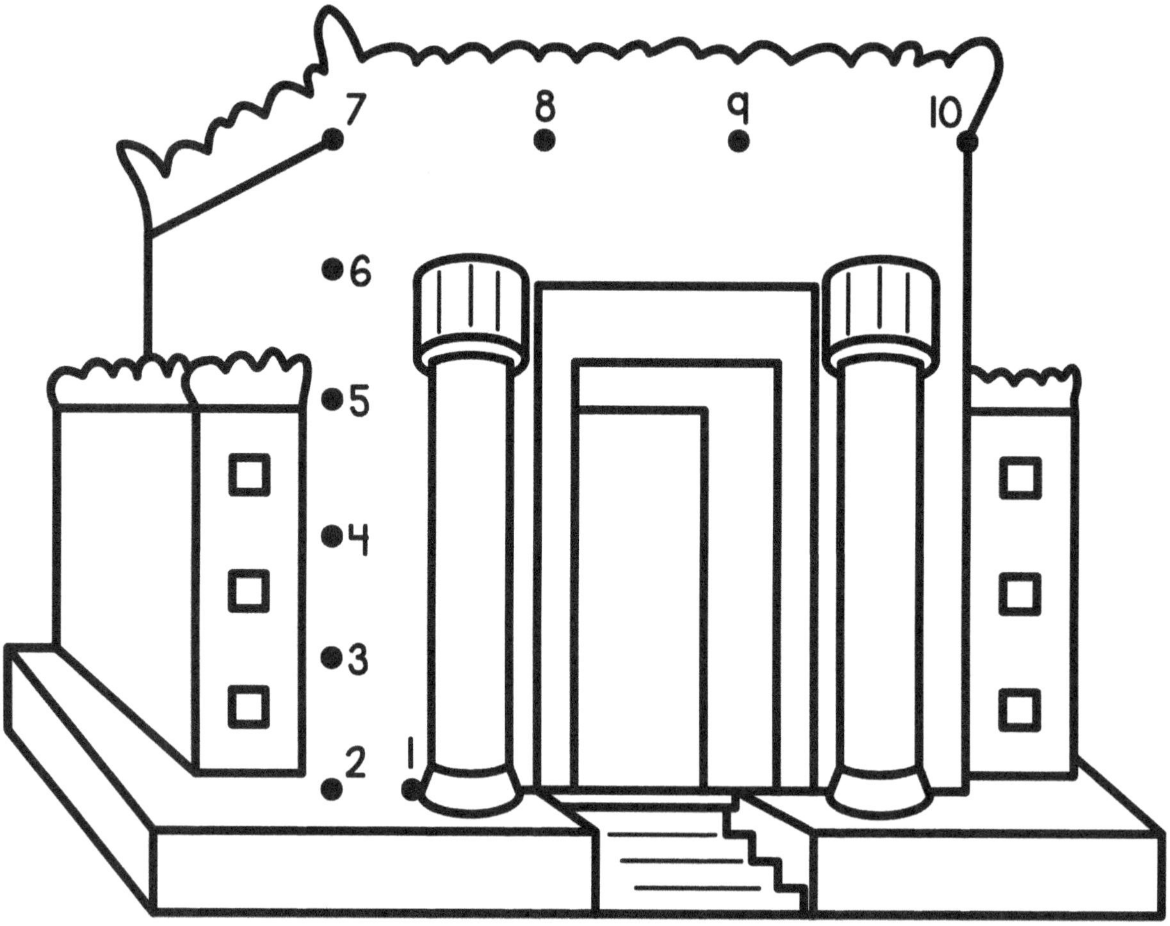

La ceremonia del agua

Ayuda a los sacerdotes a llevar una jarra de agua al templo.

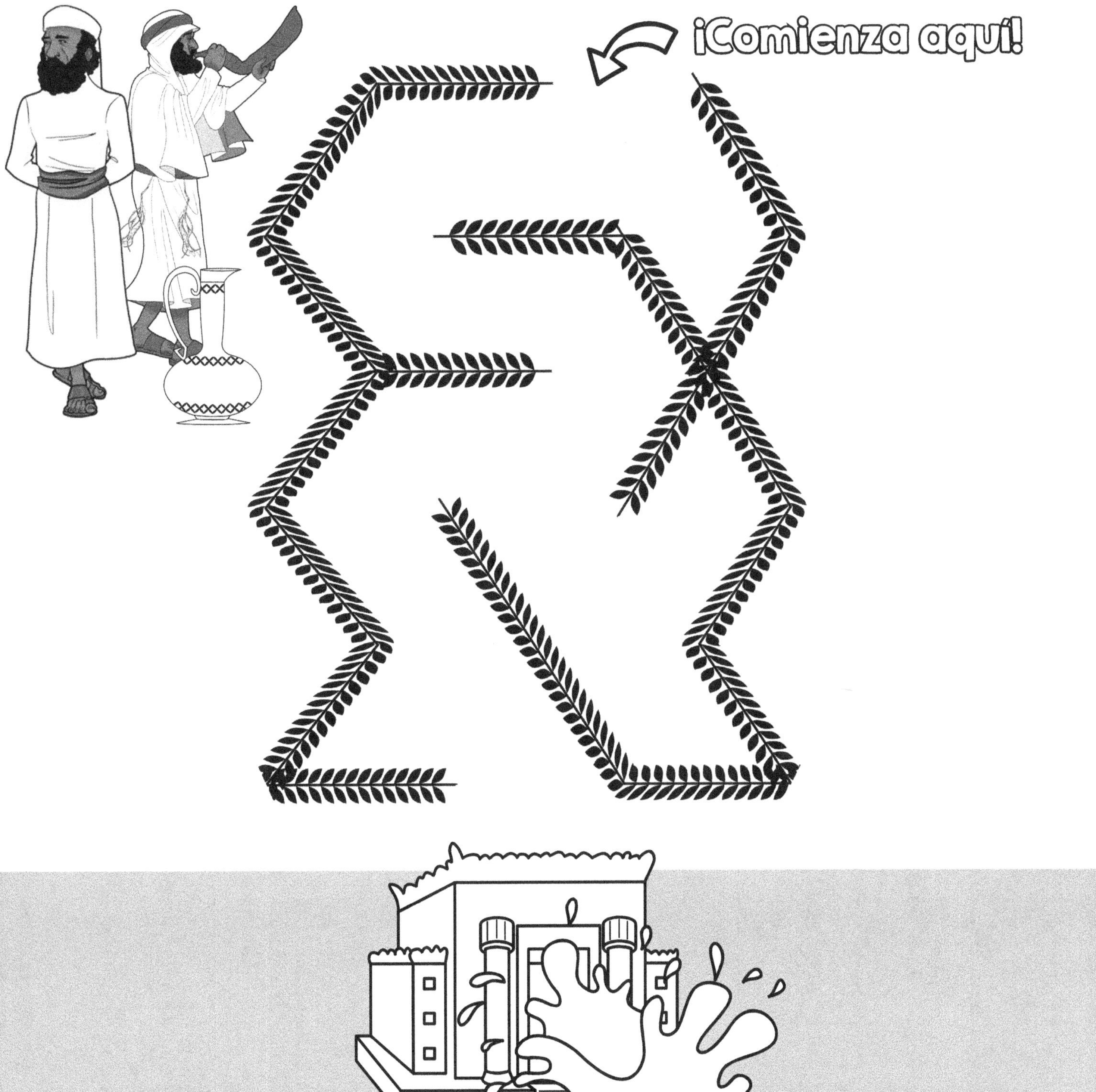

¡Comienza aquí!

Traza las Palabras

Colorea las imágenes.

- rama
- tienda
- sukkah
- agua

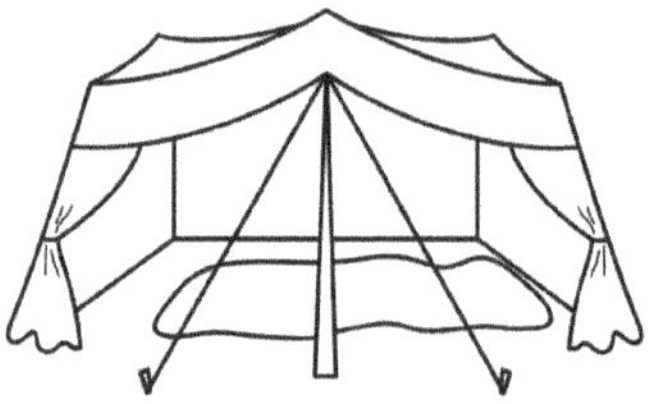

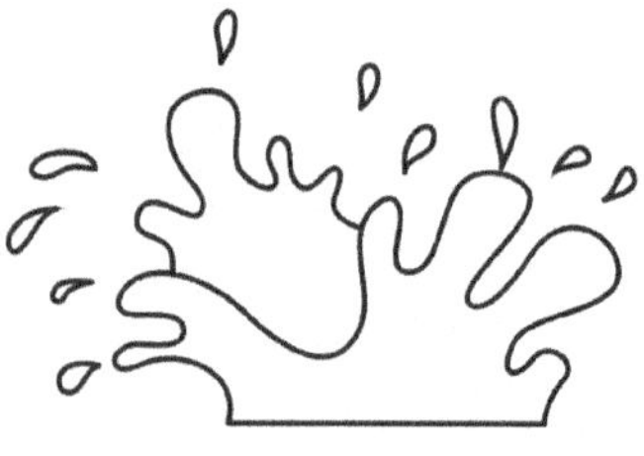

A es por agua

Colorea las letras y la imagen.

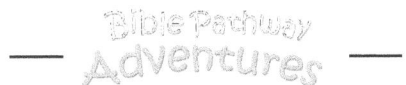

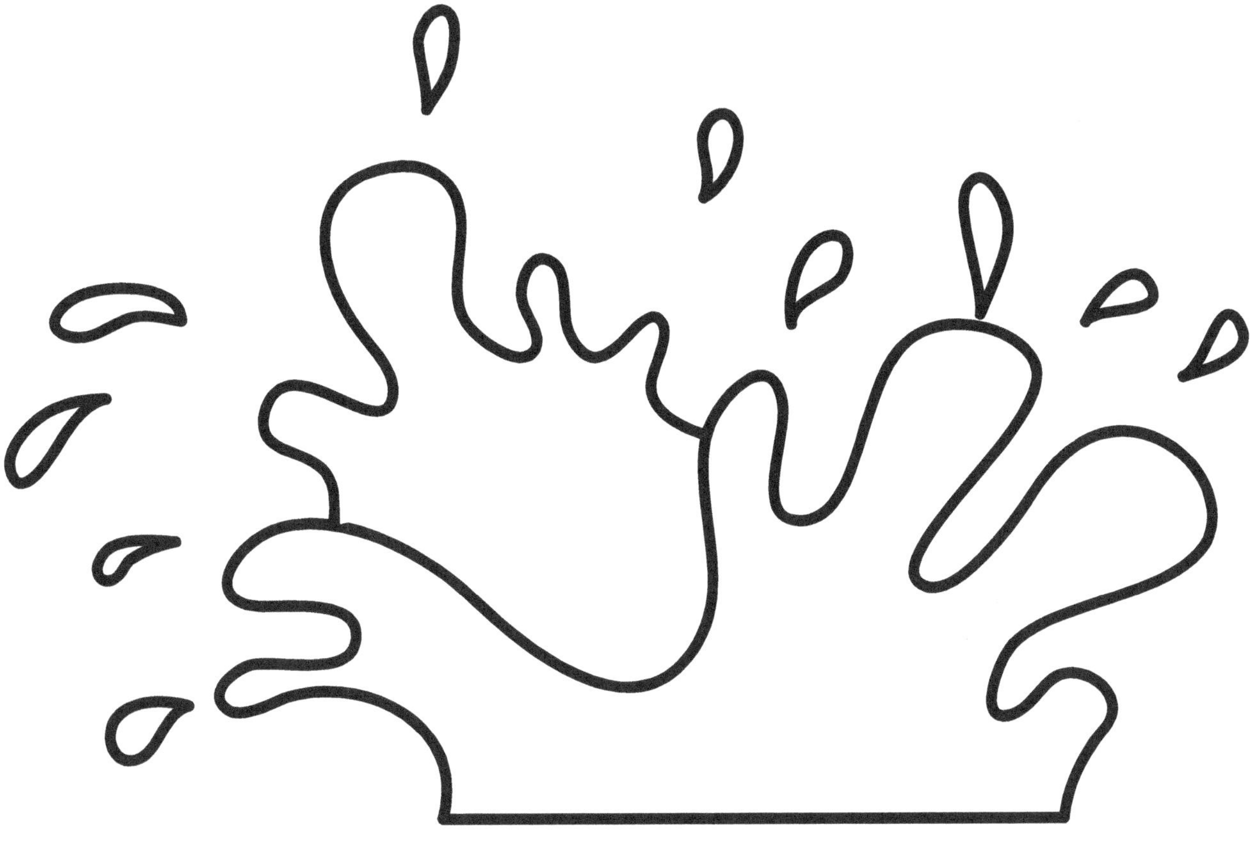

A a

¿Tienes sed?

En el Último Gran Día (Shemini Atzeret), Yeshua les dijo estas palabras a los Israelitas. Colorea la imagen.

"Si alguno tiene sed, que venga a mi y beba..."

MANUALIDADES Y PROYECTOS

¡Haz una corona para un rey!

Necesitarás:
1. Cartulina gruesa
2. Pintura, plumones o crayones
3. Tijeras (solo adultos)
4. Barras de pegamento extra fuerte o cinta adhesiva

Instrucciones:

1. Recorta la corona y los rectángulos largos que están en la siguiente página.
2. Pídele a tu pequeño que decore la corona a su gusto.
3. Cuando haya terminado de decorar su corona, pega las tiras largas de papel a los lados de la corona.
4. Mide la cabeza de tu niño o niña y pega los extremos de las tiras. Usa pegamento en barra o cinta adhesiva para hacer esto.

¡Ta-tán!

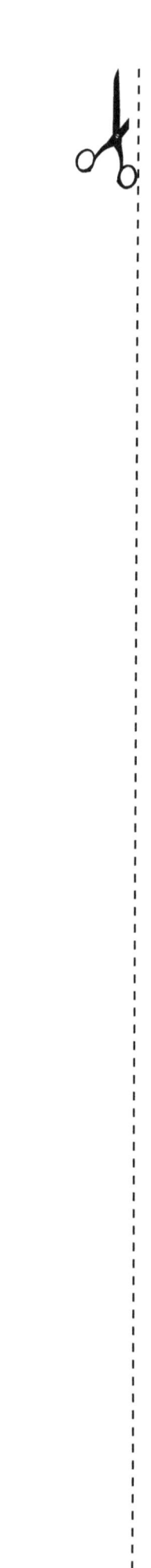

Ha nacido un Rey

Algunas personas piensan que Yeshua nació en el Día de las Trompetas. Colorea y recorta los círculos. Pégalos dentro de la casa.

pesebre

José

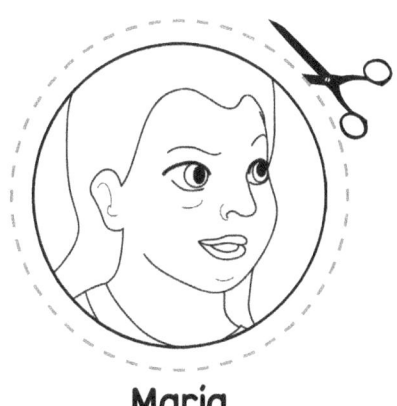
María

Tarjetas didácticas

¡Recorta las tarjetas didácticas
y pégalas en tu casa o salón de clases!

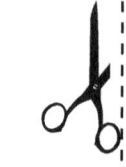

La armadura del Sumo Sacerdote

Colorea y recorta la armadura.
Ensarta una cuerda a través de los cuatro orificios.
Pídele a alguien que amarre la armadura sobre ti.

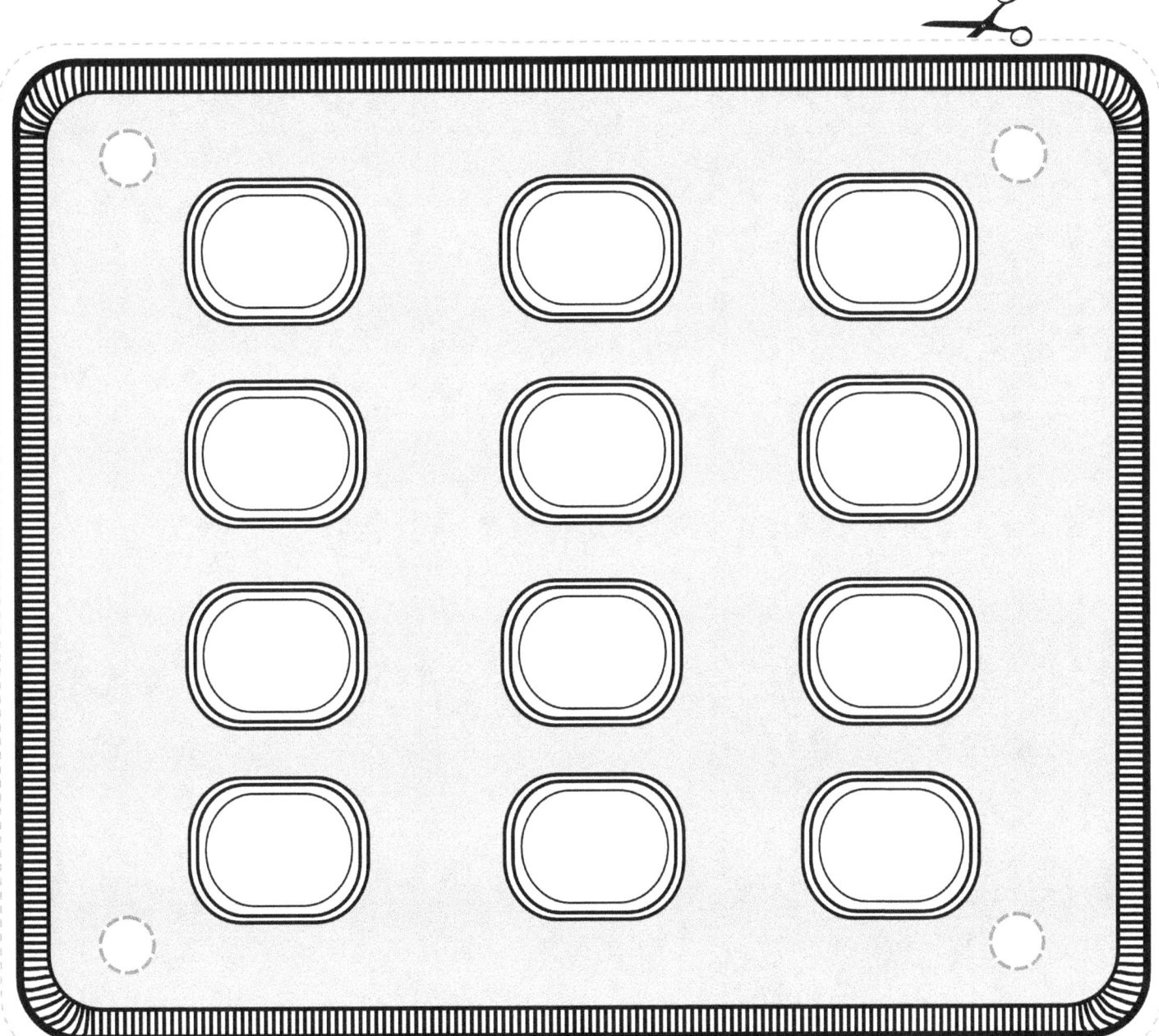

El templo

En Yom Kippur, el Sumo Sacerdote iba a un salón especial en el templo llamado el Lugar Santísimo. Recorta al Sumo Sacerdote y los objetos. Pégalos en el templo.

Sumo Sacerdote  **Menorá**  **Torá**

Manualidad: Collar del Yom Kippur

Necesitarás:
1. Imágenes del Yom Kippur (ver la página siguiente)
2. Pintura, plumones o crayones
3. Tijeras o perforadora
4. Hilo o cuerda

Instrucciones:

1. Haz que tus niños coloreen las imágenes del Yom Kippur.
2. Recorta las imágenes (puede que los niños tengan que ayudar con este paso).
3. Usa una perforadora o tijeras para crear un agujero en cada uno de los círculos.
4. Amarra los círculos con hilo o cuerda para crear un collar del Yom Kippur.

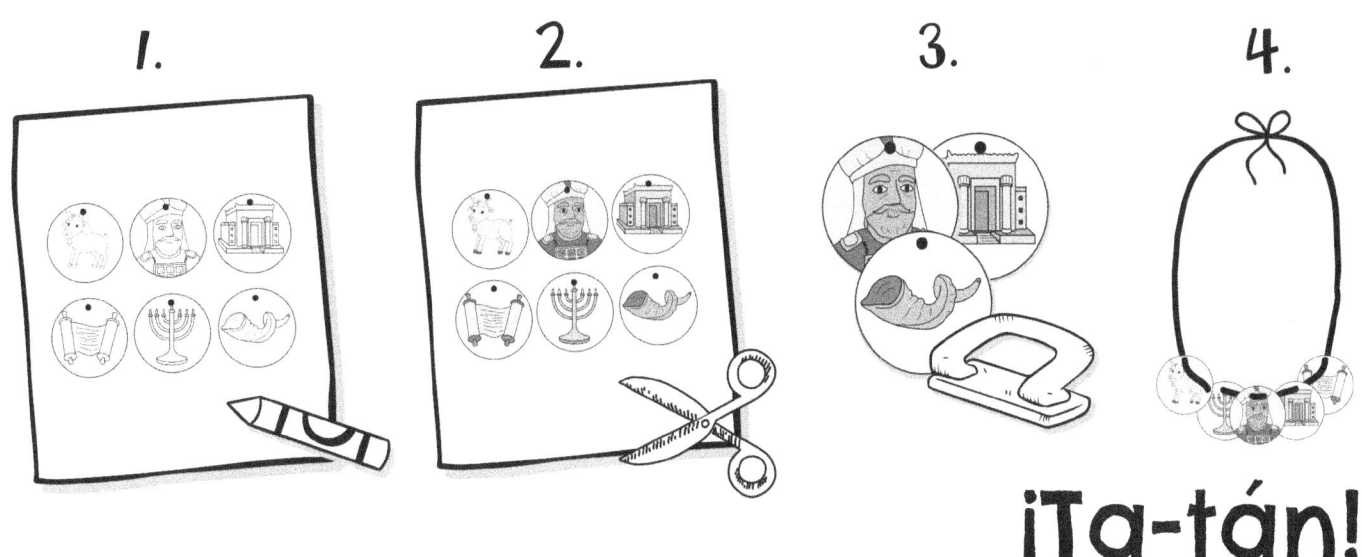

¡Ta-tán!

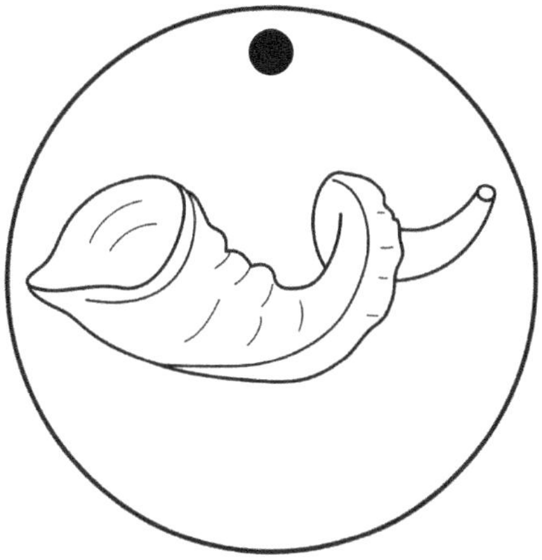

www.biblepathwayadventures.com
Las Fiestas de Otoño (Principiantes)

Tarjetas didácticas

¡Recorta las tarjetas didácticas y pégalas en tu casa o salón de clases!

torá

1

cabra

2

sacerdote

3

toro

4

Juego de memoria

Colorea las imágenes de abajo. Después recorta las fichas para crear tu propio juego de memoria de las Fiestas de Otoño. Para jugar, voltea una ficha y trata de encontrar una que coincida.

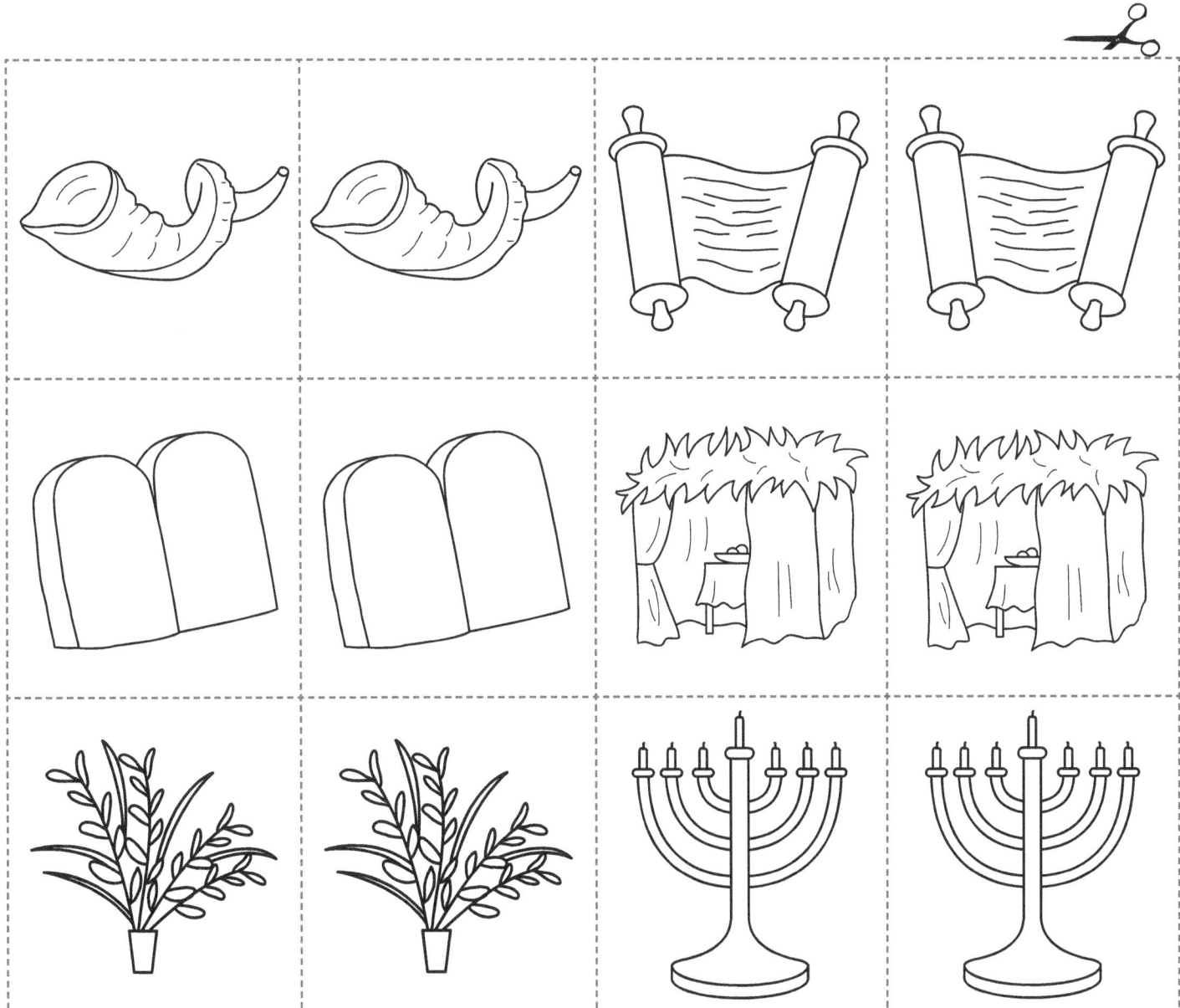

Los Israelitas

Cuando los Israelitas iban a Jerusalén para el Sukkot, habitaban en tiendas fuera de la ciudad. Colorea y recorta a las personas. Pégalas dentro de la tienda.

Israelita

Israelita

Israelita

Completa el patrón

Recorta los objetos y colócalos en el recuadro correcto.

  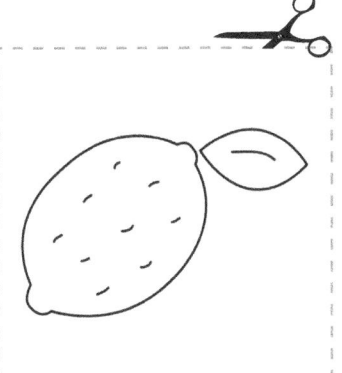

Uvas y olivas

Durante la época del Sukkot se cosechaban las uvas y las olivas. Colorea y recorta las uvas y las olivas para rellenar el tazón.

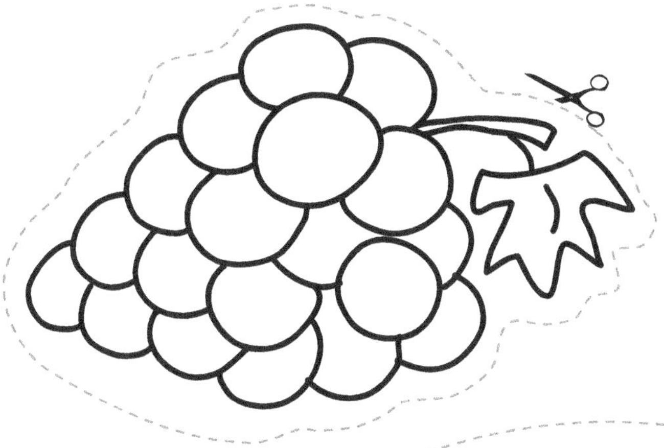

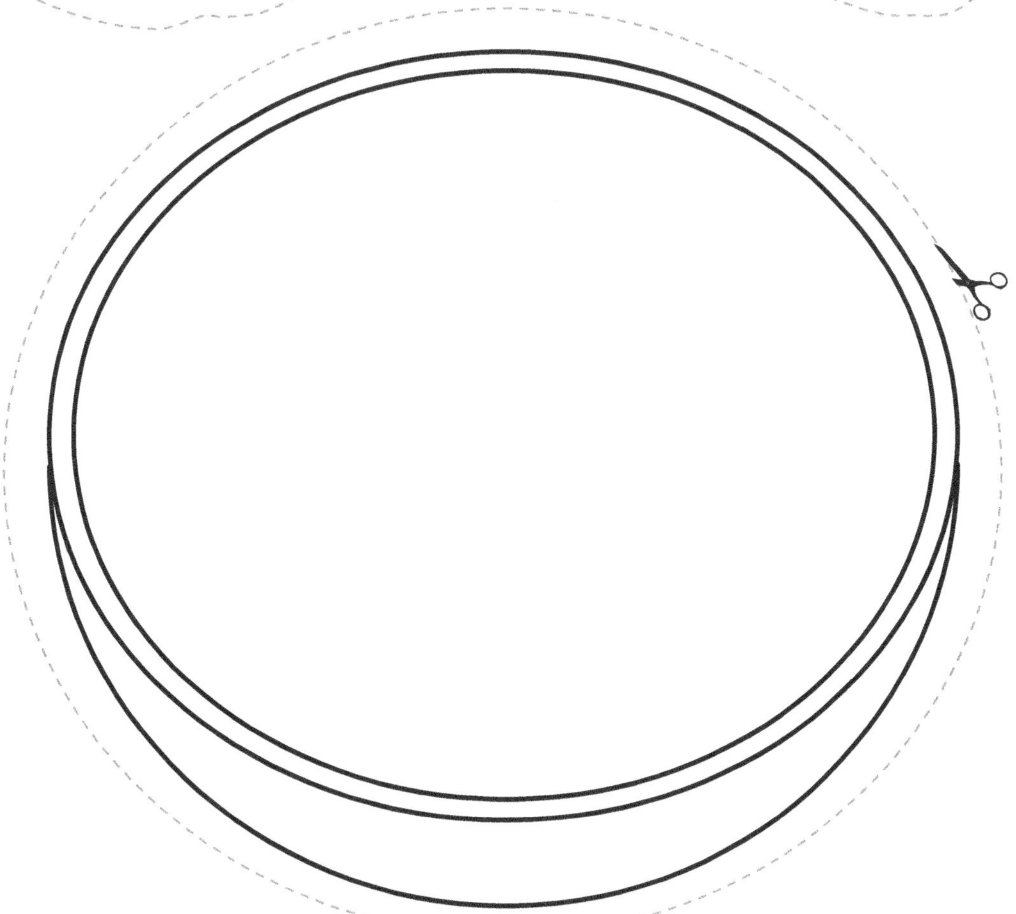

Tarjetas didácticas

¡Recorta las tarjetas didácticas y pégalas en tu casa o salón de clases!

La ceremonia del agua

Durante el Sukkot, un sacerdote llenaba una jarra con agua del estanque de Siloé para usarla en el templo. Recorta los objetos. Colócalos en la imagen.

sacerdote

agua

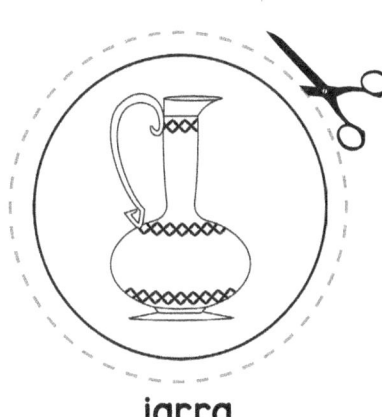
jarra

Crea un colgante para la puerta

Necesitarás:
1. Cartulina gruesa o normal
2. Pintura, plumones o crayones
3. Tijeras (solo adultos)
4. Barras de pegamento extra fuerte o cinta adhesiva

Instrucciones:

1. Imprime tantas plantillas de colgantes para puertas como necesites y pégalas sobre la cartulina gruesa. Recorta cuidadosamente cada plantilla.
2. Pídeles a tus niños que coloreen los círculos de las Fiestas de Otoño. Cuando hayan terminado, recorta y pega los círculos en los colgantes para puertas.
3. Haz un colgante para puerta reversible pegando dos plantillas, una de cada lado.
4. Cuando los niños hayan terminado de crear sus colgantes para puertas, plastifica o sella cada colgante usando láminas transparentes.

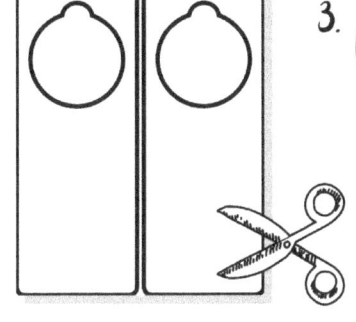

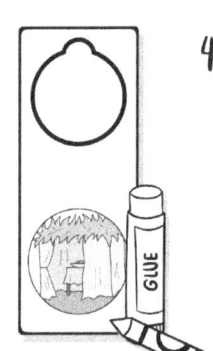
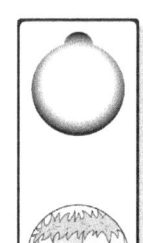
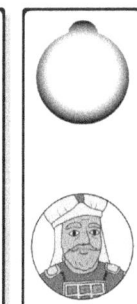

¡Ta-tán!

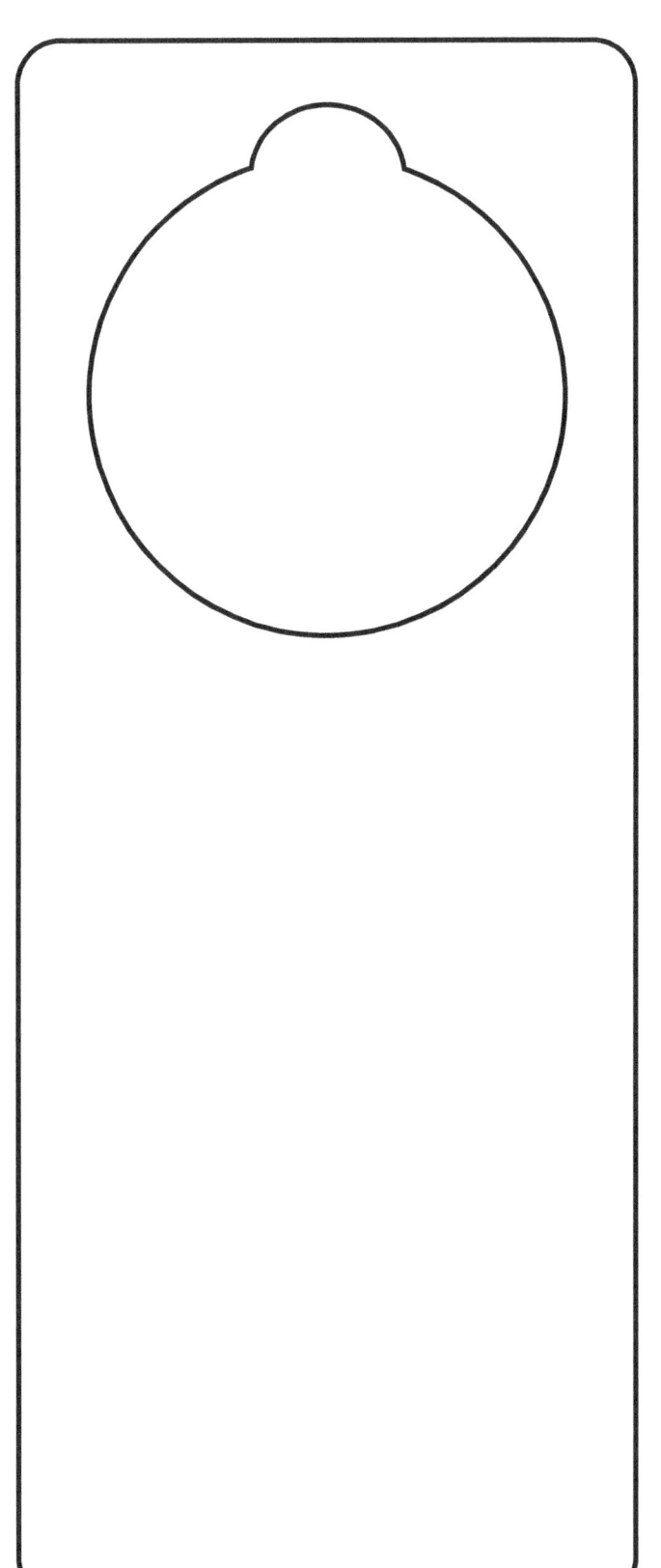
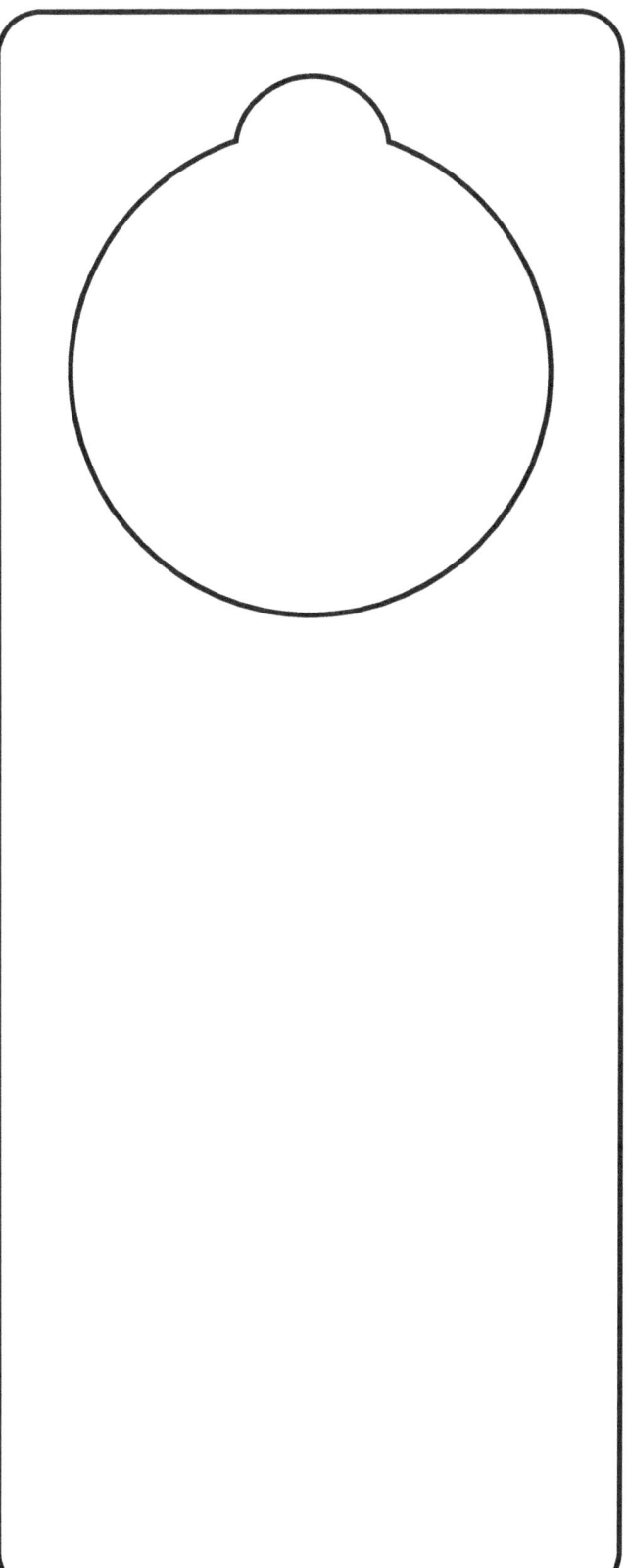

www.biblepathwayadventures.com
Las Fiestas de Otoño (Principiantes)

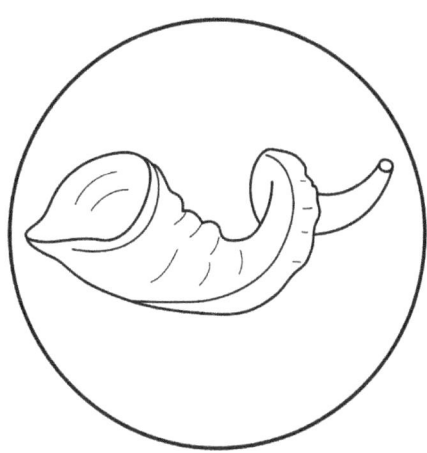

www.biblepathwayadventures.com
Las Fiestas de Otoño (Principiantes)

Descubre más Libros de Actividades!

Disponibles para comprar en shop.biblepathwayadventures.com

¡DESCARGA INSTANTÁNEA!

Libro de Actividades de la Porción Semanal de la Torá
Libro de Actividades Limpios e Inmundos (3-5 Años)
Libro de Actividades Festivos de Primavera (3-5 Años)
Bereshit | Génesis - Libro de Actividades con Porciones de la Torá
Shemot | Éxodo - Libro de Actividades con Porciones de la Torá
Vayikra | Levítico - Libro de Actividades con Porciones de la Torá
B'midbar | Números - Libro de Actividades con Porciones de la Torá
D'varim | Deuteronomio - Libro de Actividades con Porciones de la Torá

www.ingramcontent.com/pod-product-compliance
Lightning Source LLC
Chambersburg PA
CBHW082207090526
44583CB00021BA/2890